PinkBook

# Impressum

© 2024 Alicia M. Herold
1. Auflage

Autor:
Alicia M. Herold

Umschlaggestaltung:
Maurice Herold

Lektorat:
WortTraum Lektorat

Coverdesign:
Maurice Herold

Verlag: BoD • Books on Demand GmbH,
In de Tarpen 42, 22848 Norderstedt
Druck: Libri Plureos GmbH,
Friedensallee 273, 22763 Hamburg

ISBN:
978-3-7583-5097-9


Bibliografische Information der Deutschen Nationalbibliothek:
Die Deutsche Nationalbibliothek verzeichnet diese Publikation in der Deutschen Nationalbibliografie; detaillierte bibliografische Daten sind im Internet über http://dnb.d-nb.de abrufbar.

PinkBook

*Für alle,*
*die sich*
*Hoffnung*
*wünschen &*
*auf der*
*Suche*
*danach sind*

.

# Über die Autorin

Alicia M. Herold, geboren am 12. Juni 2000 in Köln, schreibt
Lyrik und Prosa.
In ihren Büchern geht es um das Leben, Gefühle und ihre
Gedanken darüber.


*„Die Bücher, die ich schrieb,
sollen Menschen berühren, Hoffnung schenken &
vielleicht sogar dabei helfen, sich selbst
oder einen Mitmenschen in einer herausfordernden
Situation besser zu verstehen.*

*Ich möchte nicht nur Hoffnung,
sondern auch Zugehörigkeitsgefühl &
Verständnis schaffen. "*


Sie hatte eine schwierige Kindheit und Jugend, diese wurden
geprägt von vielen Krisen und Klinikaufenthalten.
Geblieben ist unter anderem eine Dissoziative Identitätsstörung
(kurz DIS). Das bedeutet, dass mehrere „Innenpersonen" sich
den Körper teilen.
Dieses Buch ist in Mitwirkung mehrerer ihrer Innenpersonen
entstanden.

Oft schwebten sie zwischen widerstreitenden Gefühlen:
dazugehören wollen, nicht hineinpassen und sich nicht für die
anderen verändern zu müssen.

Dennoch war der Wille zu überleben, war er auch noch so klein, immer größer als die Angst vor dem Leben, vor ihren Gedanken und ihr selbst.

Das Schreiben ist von „vielen" in Alicias Körper eine der größten Ressourcen, aus der sie auch in den schweren Zeiten viele Erkenntnisse und viel Kraft für sich ziehen konnten. Es ist mehr und mehr der Weg zur Selbstreflexion und Selbstheilung geworden, welcher seit 2021 auf berührende Weise, mit zahlreichen lesenden Menschen geteilt wird.

Auch wenn sie sich lange Jahre auf kein Lebensmotto hatten einigen können oder nur solche, die nicht ansatzweise als lebensbejahend hätten bezeichnet werden können, würden sie ihres nun wie folgt beschreiben:

*„Meine Hoffnung zu erzählen,*
*tiefgehender als jede meiner Narben. "*

# Einleitung

•

## [ Ein kleines Liebesgeständnis an das Leben ]

*„Danke, dass ihr mich zu der gemacht habt, die ich bin"*, das waren die Worte meines 16-jährigen Ichs & um ehrlich zu sein auch das einzig Positive, was mir in der Situation eingefallen ist. Ich wünschte mir damals, mir wäre etwas Besseres in den Sinn gekommen …

Doch in dem Moment ist meine Welt für mich zusammengebrochen. Es war nicht das erste Mal, dass meine Welt zusammenbrach.

Als ich klein war, war ich fröhlich, wild & habe mich frei gefühlt. So wurde ich in diese Welt geschickt.

Bis sich all das zum Gegenteil gewendet hat. Ich wurde vom Kind zur erwachsenen Frau, Lebensfreude wurde zum Lebensüberdruss & das mit Sicherheit viel zu früh.

Ich wusste lange Zeit nicht, wie das passieren konnte, wollte zurück, aber es gab kein Zurück mehr …

Heute möchte ich davon erzählen, wie ich verletzt wurde, wie oft ich mich wieder zusammengerissen habe, wie oft ich versucht habe, Wunden zu heilen, die bis jetzt nicht heilen konnten & wie sehr ich ans Leben glauben muss, um bis heute am Leben geblieben zu sein.

Sehr viel ist passiert, seit ich kein Kind mehr bin & damit
meine ich nicht die Volljährigkeit, sondern das Gefühl, das
Kind in mir verloren zu haben.
Die Freude am Leben verloren zu haben.
Den Sinn des Lebens nie wirklich gefunden zu haben.

Aber das soll keine hasserfüllte Botschaft werden, sondern
vielmehr eine ehrliche Beschreibung, ein kleines
Liebesgeständnis an das Leben.

An das, was mich all die Jahre am Leben gehalten hat, ganz
egal, ob mit falschen Freunden umgeben oder „allein".

Da war immer dieses manchmal große & noch öfter ziemlich
kleine Licht in mir, das kein einziger auspusten konnte.

Irgendetwas in mir war noch nicht dafür bestimmt zu gehen,
vielleicht war es die Neugier, mein Mut oder die Hoffnung,
aber so klein das Licht & so groß der Zerstörungswille auch
war, ob von innen oder außen …

Es ist nie ausgegangen.

- Dafür bin ich heute manchmal wirklich dankbar!

- 9 -

# Der Beginn

## Von Traurigkeit

## &

## dem Traum von Freiheit

[ klein ]

Manchmal werde ich sentimental

Würde dann gern die ganze Welt retten

Würde mich selbst retten

Würde mich entschuldigen für Dinge
die nicht meine Schuld sind

Manchmal würde ich gern zurück
dorthin, wo ich kaputtging

Würde gern hineinpassen
in diese Welt

die mich
mich selbst
falsch fühlen lässt

Manchmal ist mir auch viel mehr egal

Würde die Welt sich selbst überlassen

Würde gern rausplatzen aus dieser Welt

die mich
mich selbst
falsch fühlen lässt

Würde alle Regeln brechen

Manchmal möchte ich dahin
wo ich wachsen kann

[ Pinocchio ]

Zuweilen denk' ich,

ich hab' den Draht zu mir verloren.

Den Draht, den ich um all meine Gelenke band',

um mich zur Marionette zu machen, die gehorcht.

Nun gehorcht sie mir nicht

- & keinem anderen mehr.

Meine Angst schreit,

die Schmerzen schreien:

Erlös' mich von meinen Qualen,
von den Fesseln um mich!

- 13 -

Mach' mich frei,

von dem,
was ich mir selbst auferlegte.

[ Den anderen zum Trotz ]


Als Kind war ich
*anders.*


&


Seit ich denken kann, war das
*nicht genug.*


Also wünschte ich mir, sehr bald
*anders zu sein.*
- *Anders* als ich es war.


&


Das wurde ich schnell.

Wurde
*wandelbar.*

Am liebsten zu der, die ich
*sein sollte.*

Suche schon so lange
*mein wahres Ich!*

Sie wünschen sich eine
*andere,*

als die ich
*war,*

als die ich
*bin,*

als die ich
*wurde.*

Ich ließ mich
*formen,*

ließ mich
*zerbrechen*

&

ließ mich schließlich
*fallen ...*


Als ich unten ankam, wusste ich zwar noch nicht,
*wer ich bin ...*

- Aber ich wusste, dass ich

*ich selbst bin!*

# [ Getrieben ]

Die Einsamkeit lehrte sie,

das Alleinsein

zu verachten.


Kein Moment

der Zweisamkeit


zwischen

innen

&

außen.


Stetiges

Wachstum,


ständige Eile,

von ihr selbst
getrieben.

Geduldig sein,

manchmal
abwarten,

sich beruhigen.

Die Einsamkeit lässt sie
immer noch
nicht los.

Das Alleinsein lehrte sie womöglich,

das
Leben
zu
mögen.

## [ Tag & Nacht ]

Es war wieder eine dieser Nächte,
ohne Schlaf.

Sie sind nicht mehr häufig,
dafür umso klarer
&
nicht mehr so düster.


Der Tag zuvor war hart,
voller gemeinsamer Emotionen
&
einsamer Tränen.

So viele Gedanken,
so viele Schmerzen

waren plötzlich wieder
präsent
in ihrem Herzen.

Sie glaubt, erschlagen worden zu sein,
glaubt gescheitert zu sein,
dem Scheitern auf ewig erlegen zu sein.

Sie hatte so viele Schritte
weg von dem Schmerz,
nach vorn gemacht.
Nun waren da wieder

so viel Angst
&
so viele Gefühle

- ohne eine Erklärung.

Weitermachen fällt ihr schwer,
aber stehen bleiben ist keine Option,

weil sie weiß,
dass Stagnation noch
schmerzhafter wäre.

So weinte sie
die ganze Nacht
&
den halben Tag,
bis eine weitere Nacht
dem Morgen wich.

Mit neuem Mut startet sie
heute in den Tag.

Zwar ohne Schlaf
&
ohne, dass noch
eine Träne übrig gewesen wäre,

aber ihr Mut ist größer als all das!

## [ Angst vor mir ]

Eben hatte ich
Angst vor mir
hab' mich
nicht wiedererkannt

Doch ich hoffe
vielleicht
geht es diesmal
anders aus

Eben sah alles
ganz anders aus
alles so grau
aussichtslos

Doch ich weiß
diesmal geht es
anders aus

# [ Gedankengarten ]

gehe unter

in meinem Kopf

in meinem Garten

der Gedanken

wachsen

Ideen

&

Visionen

himmelwärts

sprießen

Inspiration

&

Kreativität


verliere mich


in mir selbst


ich muss den


Rückweg antreten

&

möchte doch nicht fort


von diesem Ort


in meinem Kopf so viele

Gedanken.

Dieser Garten ist einer, dessen
Gedankenranken
sich aufwärts weben.

Gedankenschranken
bilden sich hoch und höher
sie bringen mich ins Wanken.

Warum möchte ich nicht fort
von diesem Ort?

Möchte dem Irrgarten entfliehen,
noch einmal muss ich ziehen …

Ich hoffe dann gelingt mir das Entkommen,
es hat mir oft die Freiheit genommen.

[ Land der Träume ]

Das Leben
versucht sich
mir aufzudrängen,

ich schließe
meine Augen fest
vor dieser Welt.

Versuche zurückzukehren
ins Land der Träume.

Wenn das Leben wieder
vor der Tür steht,

wird träumen
unmöglich
& Frieden
undenkbar.

[ Herzen ]


In meiner Brust

schlagen zwei Herzen


Eines,

das möchte mich beschützen

Hält mich kleiner

& stiller als ich bin

Ein anderes,

das mich wünschen lässt, jemand anderes zu sein:

Es will wild sein

& mich befreien,

schreien


*Wäre gerne anders als der ganze Rest*


Habe ein lautes

& ein stummes Herz

in meiner Brust

# [ Narben ]

Guck mir meine Narben an

&

wunder mich.


Wunder mich,

wer ich einmal gewesen bin.


Jemand, der bereit war,

alles zu riskieren.

Jemand, dem egal war,

alles zu verlieren.


Sehe mir meinen Körper an

&

wundere mich.

Wundere mich,
wer ich geworden bin.


Kann Mitgefühl
spüren, für die, die ich mal war.
Kann manchmal
nicht mehr ganz verstehen,
warum ich so gewesen bin.


Guck mir meine Narben an
&
wunder mich.


Wunder mich,
wer ich einmal war
&
wer ich heute bin.

[ Frühling ]

wünsche mir
ein Ziel
vor meinen
Augen
das Licht
zurück in
meinen kalten
Blick

es beginnt
der Frühling
es wird
heller draußen

ist der
innere Winter
dunkler
& kälter
als all das
Licht,
was auf
meine Seele fällt?

versuch die Sonne
in mich hereinzulassen
den Winter
aus meinem Herzen
zu verbannen
der Winter

hat mich
so viel
gekostet …

der Sommer
verspricht
mir mein
Leben
zurückzubringen

eines Tages
wird mein
Herz
sich erwärmen

eines Tages
wird alles
in mir
heilen

auch wenn
es heute noch
undenkbar ist
&
manche
Narben wohl
für
ewig
sind
…

# [ Gedankengefängnis ]

Hab es

über Jahre

erbaut,

mein

Gedankengefängnis

Hab mich

dabei selbst

&

meine

Gedanken gefangen

Ich habe irgendwann

verstanden

all die Schranken

in meine Gedanken

sind Konstrukt


meines

Gedankengefängnisses


Meine


Gedanken


lügen


manchmal


wie gedruckt

# [ Winterschlaf ]

Ich brauche

Minutenlang

Um aus dem

Winterschlaf

Zu erwachen


Ich saß drinnen

Draußen war es kalt


Stehe auf,

Strecke mich zur Sonne


&


Nehme meine Sachen

Die Kraft

Die ich gewonnen habe

Sie reicht bis heute nicht


Die Kälte

Gänzlich zu verbannen


Sie schwindet

Durch warme Gedanken


&


Die Liebe

[ Scherben ]

manchmal

habe ich
das Gefühl
mir hört
keiner zu
außer wenn
ich schreie
oder
schreibe

versuche öfter
zu schreiben
häufig bekomme
ich kein
Wort
heraus

dann
brennt
meine ganze
Welt
&
zerbricht
in tausend
Teile
das passiert
im Stillen
weil ich

dann weder
schreien
noch
schreiben
kann
in diesen
Momenten
hasse ich
dann aber
mich selbst
immer mehr
gebe mir
die Schuld
&
schlucke meine
Tränen runter

manchmal

könnte ich
die Welt
umarmen
&
auch
wenn das
nicht geht
kann ich
so zumindest
die Scherben
meiner Welt
zusammenhalten

# Das Durchhalten

## Von Trost

## &

## dem Anfang der Befreiung

# [ Liebes Tagebuch: ]

Heute würde ich dir am liebsten schreiben,

was sich ab jetzt alles ändern wird.

Doch bin ich ehrlich mit mir,

dann weiß ich,

es wird erstmal bleiben,

wie es ist.

Vielleicht wird es

nochmal schlimmer

aber irgendwann,

da wird es besser.

Gerade ist das Leben unerträglich,

kann keine Worte finden,

dafür, wie sehr es mich zerreißt.

Es wird kalt um mich

&

ich wünschte,

ich könnte einfach nur davonfliegen.

Mir laufen Tränen übers Gesicht.

Es ist so leer in mir,

in dem Moment, in dem ich mich

an das Kind erinnere,

das ich einmal war.

Das ich bleiben werde,

für den Rest meines Lebens.

&

Dennoch muss ich

sanft lächeln, bei dem Gedanken,

dass ich gerade dabei bin,
zu heilen.

[ Sinn ]

mit dem Kopf in den Wolken
& dem Herzen bei dir

bin ich verloren

komme nicht mehr zu mir
doch alles hat einen Sinn

das wird mir jetzt klar

weiß zwar noch nicht wohin

jedoch mehr als noch vor einem Jah

hab Angst vor dem Regen

der alle Masken zum Fallen bringt

er ist ein Segen

mit dem vielleicht ein Neuanfang beginnt.

[ Ziel ]

Verstehe manchmal
zu viel,

mir ist es dennoch
zu wenig.

Zu vieles
vom Leben durchschaut

&
zu selten
Luftschlösser gebaut.

Hab mir mit meinem
Gedankengut

meine Gegenwart
&
Zukunft verbaut.

Zu viel
übers Leben nachgedacht,

kaum Mut gehabt
&
einfach gemacht.

Hatte die Angst
&
den Schmerz im Blick,

ich verfehlte oftmals das
wirkliche Ziel.

Das Ziel kennt
nur mein Herz
&
irgendwann
mein Kopf – vielleicht.

Auch wenn ich's oft noch nicht sehen kann.


Mein Kopf braucht endlich ein Ventil!


Alles wird mir hier zu viel!


So weit entfernt von jeglichem Ziel …

- 46 -

Das Herz sagt sanft zu ihm:


*„Vielleicht ist die Lösung unser Zusammenspiel.“*

[ Gefangene ]

War jahrelang
gefangen
im Innen
& Außen.

Gelähmt
von meinen
Ängsten.
Gefangen
in Räumen

um mich
vor mir selbst
zu schützen.

Verwirrt
von meinen
Träumen.

Fernab
von der
Normalität

um mich
vor meinen
Monstern
zu beschützen.

- 48 -

Jetzt lerne
ich sie zu
zähmen
& mit ihnen
zu leben.

Trotzdem
glücklich
zu sein.

Ich lerne
erst jetzt
wieder
zu leben.

Das Leben
zu lieben.

## [ Jung & dumm ]

*Wir sind jung,*
*doch nicht dumm.*

Wir haben viel erlebt,

mehr als wir
erzählen könnten.

Wir denken zu
viel nach,

manchmal mehr
als es guttut.

*Wir sind jung,*
*doch nicht dumm.*

Wir haben ein Bewusstsein,

aber zu wenig
Selbstbewusstsein.

Wir erzählen
nicht viel

von dem Kampf
in den Köpfen.


*Wir sind jung
& dennoch sind wir
manchmal dumm.*


Denn den Kampf
führen wir alle im Geist,

auch wenn er nicht
immer derselbe ist.


*Wir sind jung
& denken, wir sind allein,
doch das sind wir nicht!*

[ Für mich ]

Verstellte
mich

Um nicht mehr
falsch zu sein

Verbog
mich

Um besser
hineinzupassen

Veränderte
mich

Um weniger
anzuecken

- 52 -

Verstelle
ich mich


Verliere
ich mich


Verbiege
ich mich


Zerbreche
ich mich


Verändere
ich mich


- Für euch –
-
Verrate
ich mich

- 53 -

Für mich
verbessere
ich mich


Für mich
wachse ich


Für mich
heile ich


- Für mich! -

[ Tagtraum ]

Kein Plan,
wo ich hier bin,
kein Plan,
wer ich bin
&
wohin.

Ich weiß, das wird schon
alles richtig sein.
Für mich sieht es jedoch
aus wie Schein.

Schau mich um in
diesem Raum,
als wäre das alles hier
nur ein Traum.
Erkenne alles wieder

- nur mich selbst nicht.

Wird schon alles

richtig sein.


Weiß nicht,

wer ich bin

&

nicht wohin.


Kein Plan,

wo ich hier bin,

doch weiß,

dass ich

ich

selbst

bin.

[ Tränen ]

Sie weint

die Tränen

*all dieser*

&

ertrinkt dabei in

ihren eigenen.

In der Nacht

wird ihr klar, dass

sie allein ist.

Nun wollten

ihre eigenen Tränen

geweint werden.


Viel zu lange schon weilt

dieser Druck auf ihr,

der sie vorm

Ertrinken rettet,

war

*sie*

*allein.*

[ Leitung belegt ]

Erreiche niemanden bei mir,
Alle meine Leitungen belegt


Suche nach Antworten
Auf immer neue Fragen


& das im Sekundentakt


Drücke immer wieder auf den Pausenknopf
Stelle alles auf Standby in meinem Kopf


Gedanken wollen gedacht werden,
Aber Gefühle müssen gefühlt werden

[ Lichtblick ]

Schau mich um

Doch gar nicht
Genau hin

Senke den Blick
Auf die schönen Dinge

Blicke hinauf
Zu den Wundern überall

Manchmal fällt es schwer
Das Schöne zu sehen

Weil es sich
Gerade versteckt

Schau mich um

Sehe ganz
Genau hin

Senke den Blick
Auf das Schöne der Welt

Blicke hinaus
& sehe Schönheit überall

# [ Kaulquappenaufzuchtstation ]

Ich möchte alles erreichen


Am liebsten bei einer
Nacht- & Nebel-Aktion


Doch die Realität erinnert mehr an
eine kleine Kaulquappenaufzuchtstation


Bin ängstlich & klein
Wie eine halbe Portion


Das ist völlig okay
In meiner Lebenssituation

Verglichen mit der

Ausgangssituation


Spreche ich heute von:


Innerer Rekonstruktion

[ Zweifel ]

Stehe vor einer Gabelung des Weges

& sehe Zweifel
egal in welcher Richtung

Wenn es
weder falsch
noch richtig
gibt

Wenn es
egal ist, ob links
ob rechts
oder welchen Weg du wählst

Wird deiner
immer der Richtige sein

## [ Leere ]

Bin gut darin

Leere zu spüren

Fühl mich

Oft zu viel


Zwar ist in mir häufig

große Leere


*Doch steckt in mir*

*so viel mehr*


Wenn ich nochmal

so empfinde

Erinner ich mich hoffentlich

an all die Ziele

an die ich einen

Haken

machen kann

[ Herbstgedicht ]

Die Blätter
werden braun

Bald vorbei
die Sommerzeit

Ich sehe aus
dem Fenster

Die Blätter fallen
nun vom Baum

Die Tage kühler
& kürzer
als sie es eben noch waren

So nimmt das Jahr
sein Ende

Bald geht es

vorbei dieses Jahr


Ich stehe da

& hab Regen

im Haar


Ich werde

nass

& nasser


Der Himmel

blass

& blasser

Oder hast du
einen anderen Plan?

Diesmal soll es
anders sein

Möchte nicht mehr
untergehen

In ewig währenden
Pfützen stehen

Möchte stärker sein

So wie der

Sonnenschein

[ Luftschlösser ]

Weine nicht mehr

wegen dir


Mein Herz ist kalt

deinetwegen


Du hast mir

meinen Atem genommen


Hab mir

Luftschlösser

Gebaut


Meine

Gefühle zersprengt


Meine

Gedanken gelähmt


Meinen

Körper zerstört


Mich

selbst entzweit


Hab

aufgegeben


Bin

stehen geblieben


Dachte es wär

mein letzter Tag


Bekomme

langsam wieder Luft

Doch die

Luftschlösser

bleiben


Erinnern mich an

Meine Gefühle

Meine Gedanken

Meinen Körper

Mich selbst


Wir heilen

geben alles


Doch da ist noch

ein Teil von dir

in mir

Der mir sagt


ich sei nicht genug

Ich habe erkannt:


das bist

du


&


nicht

ich

# [ Nicht ganz allein ]

Trübsal blase ich
mit dem Rauch
in den Himmel

werde immer älter

& dabei noch nicht mal
angefangen

nicht den Start gefunden
habe ich bisher

das Gefühl
der Anfang ist lang her
&
steht so nah bevor


trau mich nicht
zurückzublicken
in der Angst
vor dem was war

&
trau mich nicht
nach vorn zu schauen
in der Angst
vor dem was kommt

manchmal mach ich
einfach meine Augen zu
&
hoffe, keiner nimmt mich wahr

außer dir

dann bin ich froh
nicht allein

durch den Sumpf
zu müssen

fühl mich oft
noch einsam

doch mit
dir gemeinsam

bin ich öfter
nicht ganz so

allein

[ Abschiedsbrief ]

Hab mir Hilfe
von dir erhofft,

als ich zu dir kam
& du mir zeigtest,

wie sich Freisein
anfühlen kann.

Kannte Freiheit aus
Büchern & Filmen,

doch gefühlt
habe ich sie

selbst nicht oft.

Ihr wart mein bester Freund,

da wenn es

kein anderer war.

Habt mir ein

gutes Gefühl gegeben.


Ihr habt mich beschützt,

vor Trauer

& vor Wut,

mit euch musste ich

nicht mehr fühlen.


Ihr habt mir

an manchen Tagen

nicht nur den Tag,

sondern

das Leben gerettet.


Ich hab mich

frei gefühlt,

aber dann kam

euer wahres Gesicht

zum Vorschein.

Denn was wart ihr
am Ende wirklich für mich?


Ihr habt mir weh getan,
habt mich verletzt,
mit Schmerzen,
die mich die
ganze Nacht quälten.

Ihr habt mich
verraten,
wart ein
falscher Freund,
eine Illusion.

Habt nicht nur
das Schmerzhafte,
sondern alles,
sondern

mich betäubt.

Habt mein Leben
auf Standby gestellt,


doch die Zeit
verging trotzdem.

Ihr habt mich in Lebensgefahr
gebracht & hättet mich,
ohne mit der Wimper zu zucken,
umgebracht.

Ihr habt mich gierig gemacht
& all das Schlechte
durch ein Blackout
einfach vergessen lassen.
Ihr habt mich
angelogen
& mich selbst lügen
& tricksen lassen.

Ihr habt mich verändert,

mich kalt


& gleichgültig

werden lassen.


Beinahe hätte ich mich

an euch verloren,

doch ich habe euch durchschaut


& euch so die Kraft,

die Macht genommen.


*- Heute bin ich wirklich frei.*

[ Weltschmerz ]

Mir war kalt
Als ich aus dem Fenster sah
Ich war zwar drinnen

Doch die Kälte
Verließ mich nicht mehr
Sie war in mir gefangen

Seit die Welt mich
Immer kälter werden ließ

Ich sah aus dem Fenster
In diese wahrlich kalte Welt
Die mich an manchen Tagen

Fast erfrieren lassen hat

Es zog ein Gefühl in mir auf


Heute würde ich es
Als Wut beschreiben können


Wut gegen all das
Was mir widerfahren ist


Wenn ich raus sah
In diese Welt …

Aus Wut

Gegen die Welt

Wurde später

Ein Mitgefühl


Mit mir selbst

# [ Unordnung ]

glaub es bleibt für immer so

bleibt es für immer?


glaub es bleibt alles schwer

bleibt es alles schwer?

versuche

meine Gedanken

meine Wäsche

meine Worte

mein Geschirr

mein Leben

& meine Träume

zu sortieren

alles zu ordnen – in Ordnung zu bringen


glaub es bleibt nicht immer so


glaub es wird bald leichter


glaub alles ändert sich

alles ändert sich!


glaub es wird leichter

alles wird leicht!

[ Ich möchte das alles nicht ]


Ich möchte nicht hineinpassen

Ich möchte nicht herausstechen

Ich möchte nicht wie alle sein

Ich möchte nicht anders sein

Ich wollte lange nicht ich sein


Vielleicht

Bin ich anders als der Rest

Vielleicht

Bin ich einfach ich


Aber ich möchte das alles nicht

Keinen 9-to-5-Job

Keine eurer Formen passt

Kein Teil der Gesellschaft

Kein so tun als ob


Kein weiteres Mal passe ich mich an


Versuche mich selbst zu finden

Versuche mich wiederzufinden

Versuche Klarheit zu verschaffen


Zumindest weiß ich nun

was ich nicht will.

- 87 -

# Die Freiheit

## Von Hoffnung

## &

## wahr gewordenen Träumen

Wollte zurück zu ihr

Hatte Angst vor ihr


Wollte sie vergessen

Habe viel über sie nachgedacht


Wollte sie verstehen

Habe sie tatsächlich vergessen


Wollte über sie philosophieren

Habe nichts mehr mit ihr zu tun


& dennoch bleibt sie


~ Meine Vergangenheit

[ Zuhause ]

Ich will
leben,

das Atmen
fällt mir schwer.

Ich will
atmen,

das Leben
lastet schwer auf mir.

Mache
immer weiter,

auch wenn es
gerade schwierig ist.

Mein Leben ist mehr,

auch wenn sich
alles dunkel anfühlt.

Kann Liebe empfinden,


auch wenn
nicht für das Leben.


"Es kommt mit der Zeit",


sag ich mir,
bis ich

das Leben
lieben kann.

# [ Erkenntnis ]

Es tut weh

wenn die Zeit


nicht alle

Wunden heilt


Wunden die

nach Ewigkeiten


immer noch

Schmerz bereiten


Wunden

deren Heilungsfrist


vielleicht

für immer ist

[ Stärke ]

Rief dich in mein Leben

&

du sagtest:


"Ich bin stärker, als du denkst".



Ließ mich von dir davontragen,
betäubt.
Ließ mich von dir inspirieren,
verloren.
Ließ mich mit dir gehen,
weit weg von mir.


Als ich mich selbst
nicht mehr sah,
auch das Freisein
keine Freiheit mehr war.

"Ich bin stärker, als du denkst",

höre ich mich zu mir selbst sagen.

Meine Stimme klingt fremd,
aber warm
&
dennoch so gewohnt,
so sanft zu mir.

Ich folge ihr,
sie zeigt mir
den Weg zurück.

Hatte solche Angst
nie zurückzufinden,
kannte den Weg
&
das Ziel nicht mehr.

Konnte nicht mehr
danach greifen,

nach der Person, die ich wohl
einmal gewesen bin.

Habe wiedergefunden
was ich bin,

bin jetzt so viel mehr
als das, was ich war.

Ich werde
weiter machen
weiter lernen
&
daran immer
höher wachsen.

## [ Wolkenschaukeln ]

Schaukle den Wolken entgegen

& träume nicht mehr

nur vom Tod


Heute träum ich

vom Leben


Angst vor der Zukunft hab ich immer noch

Schaukle den Wolken entgegen


Heute träum ich

vom Leben

nicht vom Tod


Lang genug gewartet auf den Tag

An dem alles zu Ende geht

Sitze da, schaukle den Wolken entgegen

Sehe heute einen Regenbogen
& freu mich über ihn

Statt mir zu wünschen,
hinüberzuschreiten
- In die ewigen Weiten

Manchmal bin ich
lebensfroh

Manchmal auch
lebensmüde

Was überwiegt?

Vielleicht liegt das
in meiner Hand?


Wenn dem so ist,
Dann weiß ich,
Was mir lieber ist!


Ich werde
weiterleben


Für die Regenbögen
mit all ihren
Farben
&
denen
dazwischen

[ Worum's geht ]

Irgendwie komisch
diese Zeit,

diese Jahre
& Sekunden,

in denen ich
schon so lange
nicht weiß,

was richtig
& was falsch ist

& trotzdem
den Mut hab
immer weiterzumachen,

ohne jeglichen Plan
oder jegliches Ziel
vor Augen

jeden Tag
immer weitergehe.

- 99 -

& wenn ich so
darüber nachdenke,

bin ich trotzdem
dem Ziel
näher als zuvor,

auch wenn ich
gar nicht so genau weiß,
worum es hier geht.

Geht es
ums Leben
        oder Lieben?

Geht es
darum, den Tag zu überleben
        oder ein Leben zu kreieren?

Geht's
ums Gestern
        oder Morgen?

Geht's
um Wünsche
        oder Sorgen?

Selbst wenn ich das wüsste, weiß ich nicht,
        was der Sinn des Ganzen ist.

                Eins wird mir gerade klar:

        Es geht ums Heute,

                um den Moment

        & darum, dass es okay ist,
                wenn ich nicht jede Antwort kenn'.

[ Idol ]

wollte
&
hatte

nie
ein
Idol

wollte
seit
ich

denken
kann
immer

mehr
&
mehr

ich

selbst

sein

# [ Liebe ]

Ich rauche eine Kippe

die nach Liebe schmeckt

&

möchte Worte dafür finden,

aber find sie nicht.

Sie fühlen sich wertlos an,

gegen das was ich gerade alles

fühle

&

erlebe

Ist es die Stille

da draußen,

die mir Angst macht?


Oder


das Tosen in mir?


Ist es das

Gefühl von Weite,

das ich auf dem Gipfel des Berges spürte?


Oder


die Beklemmung der Höhe

in meiner Brust,

die am Ende siegt?

Ich habe Angst!

Doch ich gehe weiter,

durchgehe Stille,

Angst

&

Tosen.

Verspüre

Weite

&

Beklemmung.

Das Pendel in mir

schwingt tosend


&


ich beginne dem Takt

zu lauschen,


der nun Sinn ergibt.


Jetzt ist es an mir,


dem Takt zu folgen


&


im Takt zu gehen.


Ich bleibe nicht stehen

&

versuche dennoch

die Umgebung zu sehen.

Jetzt fühle ich mich

im Getöse frei,

denn ich habe

den Takt gefunden

&

weiß meine Angst zu nutzen.

[ 222 ]

(Heute vor ein paar Jahren)


War dem Tod

Nie näher als

An diesem Tag


Vielleicht ist

Ein Teil von mir

Gestorben


&


Seither

Ist es schwer


Jedes Jahr

An diesem Tag

Vielleicht hab
Ich mich
Verloren


Und dennoch
Wiedergefunden

Denn heute
Vor ein paar Jahren

Entschied ich mich
Zu bleiben

Obwohl ich
Gehen wollte

Heute bin ich
Dankbar

&

Stolz

Glaub
Mir

Ich
Weiß

Es
Kostet

Mut!

# [ Schritte ]

## (Vom Jakobsweg)

Sie sind nicht schwer

&

Doch so sehr.

Denn immer kommt

Einer nach dem anderen.

Die Bewegung ist so unendlich langsam

Gegen das Drehen der Welt,

Aber wir kommen trotzdem voran.

Ich frage mich, wie das möglich ist.


Es ist ein Kreislauf


Ohne Fragen

&

Ohne Antworten.


Bekommen so viel zurück


So viele Antworten,


Auf nie gestellte Fragen,


So viele Fragen,

Auf die wir keine Antwort finden werden.

Doch wer sind wir?

&

Wer bin ich?

Was ist dieser Kreislauf

Unendlicher Bewegung?

Auf einem Weg,

Der dem des Lebens ähnlich ist

Ein kurzer, intensiver

Lebensabschnitt der Achtsamkeit.

Bestehend aus Schritten.

# Danksagung

Als Erstes möchten wir dir unseren Dank aussprechen. Du hast uns auf unserem Weg ein Stück begleitet. Danke für deine Zeit & deinen Mut! Nun gehst du weiter deinen eigenen Weg, dafür wünschen wir dir viel Hoffnung in dunklen Zeiten.

Auch möchten wir uns bei unserem wundervollen Ehemann & zugleich besten Freund bedanken. Für deine Geduld, deine Liebe & so vieles mehr, was du uns täglich gibst. Du bist ein so toller Mensch, & ich wünsche dir, dass du dich eines Tages so siehst, wie ich dich sehe!

Mein Dank gilt auch der lieben Judith von @lektorat_worttraum für deine Zeit, die intensive Unterstützung & den schönen Klappentext!

Zum Schluss gilt mein Dank all den Menschen, die mich so lieben, wie ich bin, & denen, die mich in ihre Familie aufgenommen haben, an mich glauben & ohne jeden Zweifel immer hinter mir stehen.

Danke an meine Therapeutin Frau K. & mein BeWo-Team.

& danke an uns, dass wir noch leben & das heute schreiben können.

# Inhaltsverzeichnis

## Das Durchhalten von Trost & dem Anfang der Befreiuung ....................................37